ID/3

D0794509

Primeros Lectores Ciencias
Transportes

Autobuses escolares

Texto: Dee Ready
Traducción: Dr. Martín Luis Guzmán Ferrer
Revisión de la traducción: María Rebeca Cartes

Consultora de la traducción:
Dra. Isabel Schon, Directora
Centro para el Estudio de Libros
Infantiles y Juveniles en Español
California State University-San Marcos

Bridgestone Books
an imprint of Capstone Press
Mankato, Minnesota

Bridgestone Books are published by Capstone Press
818 North Willow Street, Mankato, Minnesota 56001 • http://www.capstone-press.com

Library of Congress Cataloging-in-Publication Data
Ready, Dee.
    [School buses. Spanish]
    Autobuses escolares / de Dee Ready; traducción de Martín Luis Guzmán Ferrer;
revisión de la traducción de María Rebeca Cartes.
    p. cm. — (Primeros lectores ciencias. Transportes)
    Includes bibliographical references and index.
    Summary: Describes a school bus and its different parts, including the lights, stop
arm, back door, and mirrors.
    ISBN 1-56065-792-8
    1. School buses—Juvenile literature. [1. School buses. 2. Spanish language materials.]
I. Title. II. Series: Early reader science. Transportation. Spanish.
TL232.R39718   1999
629.222'33—dc21
                                                              98-18746
                                                                CIP
                                                                 AC

Editorial Credits
Martha E. Hillman, translation project manager; Timothy Halldin, cover designer
Consultant
Karen E. Finkel, Executive Director, National School Transportation Association
Photo Credits
Betty Crowell, 4
FPG/Jeffrey Sylvester, 20
International Stock/Scott Barrow, 6
Michelle Coughlan, 16
Unicorn Stock Photos, 12; Dennis Mac Donald, cover; Karen Holsinger Mullen, 8, 10, 18;
  Martha McBride, 14

Contenido

Autobuses escolares

Los autobuses escolares llevan a los niños a la escuela. Luego los llevan de la escuela a la casa. Algunas veces los autobuses escolares llevan a los niños de excursión. Una excursión es un paseo para conocer cosas y aprender.

Espejos

Los espejos se fijan al autobús escolar. Los espejos le ayudan al chofer a ver alrededor del autobús. Ayudan al chofer a ver a los niños y los otros coches. Los espejos sirven para que el autobús sea más seguro.

Luces amarillas

Los autobuses escolares tienen luces amarillas intermitentes en la parte exterior. Intermitente significa que la luz se prende y se apaga muy rápido. Hay dos luces amarillas en la parte delantera del autobús. Hay dos luces amarillas en la parte trasera. Estas luces le dicen a los otros conductores que el autobús va a detenerse.

Luces rojas

Los autobuses escolares también tienen luces rojas intermitentes en la parte exterior. Hay dos luces rojas en la parte delantera del autobús. Hay dos luces rojas en la parte trasera. Estas luces le dicen a los conductores que deben detenerse y esperar. Las luces trabajan hasta que el autobús se pone en marcha.

Señal de alto

Todo autobús escolar tiene una señal de alto. Esta se encuentra en uno de los lados del autobús. La señal sale cuando se abre la puerta del autobús. Se mete cuando se cierra la puerta del autobús.

Puerta delantera

Los niños usan la puerta delantera para subir al autobús. También la usan para bajar del autobús. El chofer abre la puerta. Al abrirla sale la señal de alto. Entonces los coches se detienen. Así, los niños pueden subir y bajar del autobús sin peligro.

Asientos

Los autobuses escolares tienen dos filas de asientos. Un pasillo corre entre los asientos. Un pasillo es un camino entre los asientos. Algunos autobuses escolares llegan a tener hasta 22 asientos. Un autobús escolar puede tener lugar para muchos niños.

Ventanas

Los autobuses escolares tienen muchas ventanas. Cada asiento está junto a una ventana. Algunas veces la parte de arriba de la ventana puede abrirse. Las ventanas son pequeñas para la seguridad de los niños. Los niños deben mantener sus cabezas y brazos dentro del autobús.

Puerta trasera

La mayoría de los autobuses escolares tienen puertas traseras. La puerta trasera se usa para emergencias. Una emergencia es un peligro súbito. Este puede ser un incendio o un choque. La puerta trasera hace más fácil bajar del autobús.

Manos a la obra:
Evita el peligro en el autobús

Hay reglas para viajar en los autobuses escolares. Cumplir estas reglas hará que tu viaje en el autobús sea seguro.

- Sé puntual para tomar tu autobús.
- Aléjate de la calle.
- Asegúrate que el autobús se ha detenido antes de moverte.
- Fíjate en los otros coches.
- Siempre cruza por la parte delantera del autobús. Espera a que el chofer te diga cuándo cruzar.
- Nunca te metas abajo de un autobús escolar.
- Quédate en tu asiento.
- Siempre cumple las instrucciones del chofer.
- No juegues con la puerta trasera. Esta es sólo para emergencias.

Conoce las palabras

emergencia—un peligro súbito como un incendio o choque

excursión—un paseo para conocer cosas y aprender

intermitente—que se prende y se apaga con mucha rapidez

pasillo—el camino entre los asientos

Más lecturas

Flanagan, Alice K. *Riding the School Bus with Mrs. Kramer.* Danbury, Conn. : Children's Press, 1998.

Raatma, Lucia. *Safety on the School Bus.* Mankato, Minn.: Bridgestone Books, 1999.

Ready, Dee. *School Bus Drivers*. Mankato, Minn.: Bridgestone Books, 1998.

Páginas de Internet

NHTSA's Safety City Bus Safety
http://www.nhtsa.dot.gov/kids/bussafety/index.html
School Bus Safety
http://www.cammarta.com/schoolbus.html

Índice